斎藤一人

黄金の鎖

宇野信行

Uno Nobuyuki

KKロングセラーズ

●はじめに

こんにちは、宇野です。

舛岡はなゑ社長がやっていた喫茶店『十夢想家《とむそうや》』で一人さんと初めて会って、もう二十七年近くたってしまいました。

高校を卒業して、すぐ就職したくなくて、調理師学校に通い、家から近いからと職場を決め、親に豆腐屋を手伝ってくれと言われて、豆腐屋を手伝っていたころ、一人さんと知り合いました。

一人さんの話は、人から聞いたことも、本で読んだこともない不思議で、面白い話で、「一人さんが来ている」と、はなゑちゃんから連絡をもらうと、とんで行くという毎日でした。

もっともっと話を聞きたい……。

私が『まるかん』の仕事を始めたのも、ただそれだけだったような気がします。

それが今、一人さんや十人の弟子たちと各地でお話させていただくようになりました。口べたな私が人前で話すなんて……。

初めて壇上に上ったときは、目がくらみました。足が震えました。何を話したかもあまり覚えていません。

でも、『十夢想家』で私が一人さんから聞いた話だったと思います。

そんな私の話に喜んでくれる人がいる。これは驚きでした。そして、感動しました。

私の話がみんなの役に立っているのか⁉

今でも人前で話すのは緊張します。汗が出ます。でも、私が一人さんから話を聞いて、幸せになる方法、「我」を捨てる大切さを学び、幸せになったように、みなさんにも幸せになってほしいと思います。

今回、本を出すことになりましたが、一人でも多くの人のお役に立てれば本当に幸せです。

宇野信行

一人さんありがとうございます

一人さんは弟子の私達が本を出す時に、「私のCDの中で好きな話があったら、使っていいんだよ」と言って、気楽に使わせてくれます。

一人さんのCDを楽しみにしてくれる人がたくさんいます。

数多いCDの中から私がどうしても欲しかったのが、

①個性の話　②この世は地獄　③かしこく生きる

の3つの話がのっているCDでした。

このCDのお話はKKロングセラーズのホームページから聞くことができます。（表紙の袖をごらんください・編集部注）

このお話はみなさんの絶対に役に立つと確信しています。

宇野信行

もくじ

第一章　豆腐屋のぶちゃん、「打ち出の小槌」と出会う

第二章　幸せになるのは簡単

第三章 困ったことは起こらない

第四章　愛ある言葉を話そう

第五章

人様が喜ぶこと、世の中が喜ぶことをすればいいんだよ

一人さんとのぶちゃんと素敵な仲間たち

なぜかホッとする、癒される。まるでネコみたい

【舛岡はなゑ】

のぶちゃんは不思議な人なんです。
あんまりしゃべらないのに、存在感がある。
のぶちゃんがいないと、「あれ？　のぶちゃんは？」と必ず言われる。

いつもニコニコして、怒ったところを見たことがない。もう何十年も友だちなのに……。

一緒にいると、なぜかホッとする、癒される。まるでネコみたい。

そういえばうちのネコ（マロ）も、のぶちゃんが大好き。

世界で一番〝良い人〟が顔や全身からあふれている人【宮本真由美】

まだOLだったときに、初めてのぶちゃんと出会いました。とりたてたくさん話したわけではないのに

「うわー、この人、いい人だ――!!」

と、なぜか感じました。口数が多いのぶちゃんではないんですけれど、ぽそぽそっと言ってくれることに重みがあって、あったかいので大好きです。

のぶちゃんのエピソードを一つ。

のぶちゃん、じゅんちゃん（千葉純一社長）、私の三人が、共通の友人の結婚式に出たときのこと。

のぶちゃんは友人代表でスピーチをしたんですけど、顔も手も汗びっしょりで、いつものニコニコ顔が白くてかたーい顔になり、見ていた私まで緊張が伝染してしまうほどでした。

でも、出た言葉は思いの伝わるやさしさでいっぱいでした。

人って、オーラというか、雰囲気というのをもっていますが、のぶちゃんのそばにいると、とっても落ち着きます。

私も、のぶちゃんのそばに坐ると、ほっとして、あったかくて大好きです。

『まるかん』では、〝一番〟というくらい、素敵な話を聞かせてくれます。一つ一つの言葉に愛があって、いつも私は感動の涙を流してしまうくらいです。

「人を許す」ということを学ばせてもらいました【芦川政夫】

のぶちゃんがどんな人かというと、「いい人」という表現がぴったりです。

私はのぶちゃんを通じて、「人を許す」ということを学ばせてもらいました。

天国言葉を会ったときから使っている人です。だれを見ても笑顔で接してくれて、安心感を与えてくれます。長旅のときは、いつもドライバーをしていただき、感謝しています。

私にとっては、なにがなんでも「いい人」。私の憧れです。

良き仲間として、末長くおつきあいいただきたく存じます。

王子様のように品のいい人 【柴村恵美子】

のぶちゃんは、とにかくやさしくて、気がつけば、いつもそこにいて見守ってくれているという感じです。

目が細いせいいからかもしれませんが、いつも笑顔に見えて、笑うとさらに素敵で、吸い込まれそうになります。

いつもやさしくて、落ち着いた波動をしているから、王子様か、皇室の人かなと思うくらい。

のぶちゃんと初めて会ったのは、はなゑちゃんがやっていた喫茶店『十夢想家』でした。そのときのノブちゃんは、ちょっとやせていて、弱そうな感じがしました。

はなゑちゃんから、「のぶちゃんが『まるかん』の仕事をすることになったよ」と聞いたときは「大丈夫かな」と思っていました。

ある日、のぶちゃんの品のよさがわかったような気がしたときがあるんです。

北海道に観音様をお参りしに行ったとき、のぶちゃんと会ったので、夜、お食事でもしましょう、ということになりました。

のぶちゃんと、長女のポピーちゃんと、長男のユウキちゃんと、奥様、妹のチエちゃん、私のほうは私とスタッフの三人の合計八人でごはんを食べました。

このとき、小さい二人が妹のチエちゃんにいたずらするんですけど、叱ろうとしないんです。

チエちゃんに「チビちゃんたちを怒ることはないんですか」と聞いたら、「私は親に怒られた記憶がないので、怒ることができない」と言うんですね。びっくりしました。

のぶちゃんも、「私も親に怒られた記憶がない」と言うんです。きょうだいとも怒られた記憶がない。これはすごいなと思いました。

私や、私が今まで見てきた親子関係と違う。この世の中で子どもを怒らない親がいるんだなあと思いました。

親に怒られずに育ったら、こんなふうに品のいい、愛のあるやさしい子になるのかなあなんて、改めて子供の教育のあり方を考えさせられました。

このとき、のぶちゃんの品のよさや、大きく見守るようにそばにいてくれる王子様のような波動をしたのぶちゃんのことがわかった気がしたんですね。

この波動が、私たちに冗談に「神様、仏様、宇野様」と言われているゆえんではないでしょうか。

今ののぶちゃんは私が最初に出会ったときより、体も心も大きくたくましくなっています。

その分、幸せもすごく大きくなって、笑顔も光り輝いている、

『まるかん』でいう『つやこ』ですね。
そんなのぶちゃんを私も見習いたいと思います。
私はのぶちゃんや素敵な仲間たちと出会えて、本当に幸せものだと思います。
この出会いを与えてくれた一人さんに大感謝します。

行動に一本筋がとおっていて、カッコいい！
【千葉純一】

のぶちゃんは仲間の誕生日にはプレゼントとメッセージを忘れない。

笑顔は天下一品。自分からペラペラしゃべるほうではないので、ふつうなら存在感が薄そうなものだけど、その場にいないと、必ず話題になる。不思議な存在感がある。

えばらない。

親にやさしい。

行動に一本筋がとおっていて、カッコいい。

あったかくて愛が大きい人

【みっちゃん先生】

のぶちゃんは、一口でいうと、あったかくて、愛が大きい人です。私は何度のぶちゃんのあたたかさとやさしさに助けられたことか。すごく感謝しています。

今生で出会えたことは、すごく幸せで、そばで一緒にお仕事できてる私は、ホント、ついてます。来世もまた会えるように、のぶちゃんを大切にしていきます。

人のことを思う気持ちはナンバーワン

【遠藤忠夫】

私とのぶちゃんは、同じ幼稚園に通っていました。でも、親しくなったのは中学一年のとき、同じクラスになってからでした。

そのときののぶちゃんというのは、小柄でメガネをかけていました。黒縁の東海林太郎先生のような眼鏡で、左のレンズが牛乳瓶の底のようだったので、入学当時から気になっていました。

私は小学生のときから野球をやっていたので、クラブ活動では野球部に入りました。のぶちゃんも野球部に入部して、それから非常に仲良くなり、学校でも遊び、学校が終わってからでも家に帰って遊ぶようになりました。

あるとき野球でフライを打ち上げた人がいて、のぶちゃんが「オーライ、オーライ」というので、「取れるのかな」と見ていたんです。そうしたら全然違う位置にいるんですね。「取れないんじゃないかな」と思ってみていると、やっぱり取れないんですよ。「左目は見えるのかい」と聞いたら、「見えませーん」と笑顔で言うんです。

いやー、すごいなと思いました。

のぶちゃんとは違う高校に通ったのですが、部活が終わると、のぶちゃんの家に行って、ごはんを食べさせてもらったり、お風呂に入れさせてもらったり、本当に仲良くずーっときました。

私は今、『まるかん』で福井と石川を担当しているんですが、『まるかん』の仕事を始めたばかりのころ、滋賀県ののぶちゃんのところで三年間勉強させてもらいました。三年間のぶちゃんと同じ部屋で寝起きをしていました。

そのときのエピソードをいくつかお話しします。

まず、夜中に拝まれちゃった事件。夜中、私が寝ていたら、何か後ろにいるような感じがしたんです。思い切ってふっと振り向いたら、なんと宇野社長が私の背中に向かって拝んでいるんです。

びっくりしました。死んだと思われたのかと思いましたが、今から思うと、こういう気持ちじゃなかったのかなと思います。

のぶちゃんと私は同級生。

のぶちゃんは非常にやさしくて、私がのぶちゃんのところで仕事をしてますよね。いつも「ありがとう」と言ってはくれるんですけど、言葉で言い表せない分、毎晩私のことを拝んでくれていたのかなと、勝手に解釈してるんですけど……。

でも、突然夜中に、ふっと振り返ったときに拝まれていると、びっくりしますよね。

のぶちゃんは、どんなときでも、何かあると自分のことをさておいて、友だちのことを考えてくれる人情に厚い男です。

私がホテルに泊まったときに、結石になって一日入院といわれたときでも、のぶちゃんに電話をしたら、次の日に駆けつけてくれて、下着や必要なものをそろえてくれました。

ノアの箱舟みたいなのがあって、十人いるのに九人しか乗れない、誰が残るかとなったとき、私は、「私が残ります」と言います。でも、船が出る直前にのぶちゃんという人は私のことをボーンと船にあげて自分が残る。そういう性格なんです。

本当にのぶちゃんは言葉は少ないんですけど、人のことを思う気持ちは、ナンバーワンじゃないかな。

少なくとも私よりはるか上をいっていると思います。

第一章

豆腐屋のぶちゃん、「打ち出の小槌」と出会う

左目がほとんど見えませんが、いじめられたことはありません

はじめまして。宇野です。社長たちは私が恥ずかしくなるぐらい、いろいろ言ってくれましたけど、誤解もたくさんあるようで……。

どれくらいみなさんの役に立つかわかりませんが、私のことを少しお話ししたいと思います。

私は一九六一年十月二十三日、東京の平井というところで生まれました。両親は豆腐屋を営んでいて、勤勉で無口な父と、やさしい

けど心配性の母に育てられました。

三歳上に兄、三歳下に妹がいます。

柴村社長が言っていたように両親から怒られた記憶はほとんどありません。だからといって、「いい子」だったわけじゃありません。あとで書くように、幼稚園のときはずいぶんいたずらもしました。でも、親から怒られた記憶はないんです。

兄とはプロレスのワザをかけ合ったりしたことはあるけれど、取っ組み合いのけんかした記憶もない。もちろん、妹ともです。

私はそれがふつうだと思っていましたが、珍しいことだとしたら、その理由は私の目にあるのかもしれません。

私は左目がほとんど見えません。三歳のときにけがをしたからです。

かえるのおもちゃを知りませんか？　ビニールでできたおもちゃで、大型のイチジク浣腸みたいなものがホースでつながっているやつ。イチジク浣腸の部分を押すと、かえるがぴょんぴょんと跳ぶやつです。

このおもちゃを引っ張って、遊んでいたんですね。顔の前でかえるの部分を思い切り遠くに引っ張って、それを放した。そうしたら見事に左目の瞳にあたって、瞳が壊れてしまったんです。

それから五〜六回、手術をしましたが、元に戻ることはありませんでした。

私はあまり覚えていないけれど、兄はそういうことを覚えていて、だから私に乱暴をしてはいけないと思っていたのかもしれません。いろいろなところで、兄にはかばってもらいました。

両親は少しでも見えるようにとメガネを作ってくれたし。このメガネが、忠夫ちゃん（遠藤忠夫社長）がいう「牛乳瓶の底のような」やつです。

でも、こういうメガネをかけていたからとか、片目が見えないからといって、いじめられたりすることはありませんでした。

私自身、物心ついてからずっと片目なので、それに慣れていて、不便を感じることもない。

よく片目だと遠近感がつかみにくいというけれど、そんなこともないんです。

もののもふつうにつかめるし、階段を踏み外すこともない。運転するために必要な視野もあるから、運転だってふつうにします。ゴルフもできるし、スキーもやります。

ただ、野球をしているとき、フライはとれませんでしたね。バッティングもダメでした。直線的に速い球がくると、焦点が合いにくいんです。

不便なことといえば、それぐらい。

今、右目の視力は一・二ぐらいだから、もしかしたら近眼の人よりよく見えていると思うぐらいです。

人と争うことをせず、大きな悩みを抱えることもなく

だから、世の中でイヤなことって、あんまりないんです。怒ったこともあまりない。

今までの人生でいちばん怒ったのは、高校のとき、同級生をいじめている現場を見たときでしょうか。

そのときは思わず、声を荒げて、「何をしてるんだ！」と言ってしまいました。

それで、いじめている人たちが立ち去ったから助かりましたけど。それっきり怒ったことは、私の記憶にありません。

基本的に人と争うのが嫌いなんです。人のことをけなしているのを見るのも嫌い。

たとえば、レストランに行って、乱暴に水をおかれて、テーブルに水がこぼれても、私は黙って自分で拭きます。

「なんだ、その置き方は！」という言葉を聞くのもイヤだし、そういう争いごとの場面に居合わせるのもイヤ。

家で怒られたり、けんかしたりすることがなかったので、そういうことに免疫がないのかもしれません。

人と争うことをせず、大きな悩みを抱えることもなく、のほほんと過ごしてきた私が一人さんと会ったのは、今から二十年ほど前でした。

会ったのは、そのころ、はなゑちゃん（舛岡はなゑ社長）がやっていた『十夢想家《とむそうや》』という喫茶店でした。そのころ私は両親がやっている豆腐屋を手伝っていました。

なぜ豆腐屋の手伝いをするようになったかというと、私は三人きょうだいで、兄と妹がいるのですが、兄は理容師になったため、私に店を継いでほしいと両親が思ったからです。

両親に「店を手伝ってくれないか」と言われ、それまで勤めていた料理店をやめて、豆腐屋の手伝いをすることにしたのです。

ダラダラ親の店を手伝っていた毎日でした

振り返ってみれば、私はそれまでの人生、「こうしたい！」と強く思ったことがなかったように思います。

高校を卒業して、調理師学校に入りましたが、これも「調理師になりたくて」というより、すぐ社会に出るのが怖かったから。

調理師学校の卒業が間近になって、いよいよ就職しなくてはならないとなったとき、選んだ料理店も「家から近い」ただそれだけの理由でした（もっともそこには一年いただけで、築地の本店に勤めるようになりましたが）。

とくに「調理師で身をたてるぞ！」と思っていたわけではなかったし、両親からはたびたび「店を手伝ってくれ」と言われていたので、「そろそろ手伝おうか」と、そんな感じでした。

豆腐屋は朝早くてたいへんというイメージがあるかもしれませんが、私にとっては、料理店勤めよりはるかにラクでした。

築地の料理店に勤めていたときは、朝五時ごろ起きてスーパーカブで築地へ。

豆腐屋の手伝いをするようになってからも、親は四時に起きて働いてましたけど、私が起きるのはやっぱり五時。ときによってはそれが八時ごろになることもありました。

十時か十一時になると油揚げや厚揚げなど、揚げ物づくりも終わるので、お客様が来始める三時ごろまで休憩。

私とはなゑちゃん、純ちゃん（千葉純一社長）、忠夫ちゃん（遠藤忠夫社長）は同じ幼稚園で同じ中学校。高校を卒業してからも、よく集まっては遊んでいました。

そのころ忠夫ちゃんは自動車教習所の教官をしていて、水曜日が休み。さすがに私も料理店に勤めていたときは勝手に休むことはできませんでしたが、家に戻ってきてからはもう勝手放題。

うちの休みは日曜日と祭日なのに、忠夫ちゃんに「今度の休み（忠夫ちゃんのです）、ゴルフに行こうよ」と言われれば、店を休んでゴルフに行っちゃう。

純ちゃんから「今度の日曜、スキーに行こう」と言われれば、土曜日からソワソワ。

はなゑちゃんが喫茶店を始めるようになると、ちょっと時間があけば、はなゑちゃんの店へ行って、ダラダラとコーヒーなんか飲んでる。

もう、「ふざけんな」というぐらいの働きぶり（？）。

そんなところに登場したのが、一人さんだったのです。

「すごい！」と雰囲気でわかる一人さんとの出会い

ある日、いつものように白衣と長靴という豆腐屋の作業着のまま、カブに乗って、はなゑちゃんのお店に行くと、店の前にすごい外車が止まってる。

で、お店に入ると、すごい人が坐ってるんです。ふつうのカーデガンを着てるんだけど、雰囲気で「すごい」とわかる。

それが一人さんの第一印象でした。

私は、不思議なこと、大好き。これはたぶん、幼稚園がお寺の境内にあったからじゃないかなと思います。

お昼寝の時間になると本堂に布団を敷いて寝てましたし、それ以外にも本堂には自由に出入りしてました。勝手に木魚を叩いたり、ご本尊によじのぼったりしては和尚さんに怒られていました。

そのころ子供たちの間ではやっていた遊びが、墓場での鬼ごっこ。鬼じゃない人は墓石の上に乗って、鬼が十数えるうちに石から降りなくてはいけなくて、そのとき鬼にタッチされたら、今度はその子が鬼になるという遊びなんですけど、いくら小さな子供でも上に乗ったら、墓石はグラグラします。

和尚さんに見つかるたびに、卒塔婆でお尻をひっぱたかれていました。そう、和尚さん、私たちを怒るとき、卒塔婆をひっこぬくんですよ（笑）。

そんな感じだから、小さいころからお墓を見ても怖くない。本堂にいると、気持ちが落ち着く。

神社やお寺を巡るのは大好きでしたし、神社仏閣の本もずいぶん読んでました。

別に信仰心があったわけではないけれど、神様っているんだろうなと、ぼんやり思ってました。

宇宙はどうなっているんだろう、幽霊は本当にいるのかななどと考えるのが、大好きだったんです。

宇宙の本もたくさん読みました。

一人さんに聞きました。「宇宙人はいるんですか」って

知っていますか？　銀河系には、太陽と同じように自ら光を発する星が二千億個あって、宇宙には銀河系が千個あるといわれてるんです。だったら、宇宙人がいるのは当たり前ですよね。

テレビで「ウルトラマン」を見て、「ウルトラマンはM62星雲から来たんだ。やっぱり宇宙人はいるんだ」なんて思ったりしてました。

さすがに大人になると、「ウルトラマン」は架空の話だとわかりますけど、宇宙人はどこかにいるという思いは、ずっとありました。

でも、こんなこと、なかなか聞けませんよね。「宇宙人は本当にいるんでしょうか」なんて。

でも、一人さんには聞けるんです。


はなゑちゃんの喫茶店に行くと、みんなが一人さんを囲んで楽しそうに話している。ふだんはそれを聞いているだけなんですけど、あるときふと宇宙人のことを聞いてみたくなって、一人さんに聞いたんです。

「一人さん、宇宙人はいるんですか」って。

そうすると、即座に

「いるよ」

と言うのです。

「やっぱり」と思いました。

だから続けて、「人間の形をして、隠れているんでしょうか」と聞いたんです。

宇宙でいちばん地球人がすすんでいたら、どうなるんだろう

そのときの一人さんの答えは、私には驚くものでした。

一人さんは、こう答えたんです。

「みんなは宇宙人が地球にきているということを前提に話しているけど、それは宇宙人が地球人以上に優秀だと考えてるからだよね。地球人はまだ宇宙人が住んでいる星に行けていないのに、宇宙人は地球にやってくるだけの技術があると思っているわけだから。でも、地球人が、いちばん宇宙ですすんでいたら、どうなるんだろう」

驚きました。だって、地球人が宇宙一すすんだ存在だなんて考えたことはありませんでしたから。

一人さんは続けて、こう言いました。

「ほかの星にも生物はいると思うよ。

ただ、今、火をおこしているかもしれないし、とても宇宙船なんか作れないかもしれない。

ミステリーサークルとか、ナスカの地上絵を見て、宇宙人がやってきた証拠だなんて言っているけど、あれだって人間が作ったものかもしれない。

今でも戦争をして、バーミヤンの遺跡を壊したりしているけれど、昔はよその国を侵略したら、そこの文明を徹底的に叩き壊した。

だから、人間が作った証拠が見つからないだけだよね。

地球人が宇宙でいちばん最高に進んでいる生きものだとしたら、

地球人はどういう生き方をすれば、神様に褒められるんだろう。
戦争とか、いじめとか、そういうことをやっていて、いいのかな。
地球人が宇宙でいちばん進んでいる生きものだったら、もっとやさしく、笑顔で人に接していかなくちゃいけないんじゃないだろうか」

宇宙人の話から、生き方の話になってしまう。どんな質問にも答えてくれて、いつも私が予想できない答えを返してくれる一人さんは、私にとって知恵の打ち出の小槌のようなもの。

一人さんの話を聞いていたい……。

そんな思いが、私のなかでだんだん大きくなっていきました。

第二章

幸せになるのは簡単

「豊かになりたいなら、ツヤを出して、光ものをつけてごらん」

今日はどんな話が聞けるんだろう……。『十夢想家』に行って、一人さんの話を聞くことが、私の大きな楽しみになってきました。とくに質問がなくても、ただそばにいて話を聞いているのが楽しかったのです。

ある日、一人さんは

「豊かになりたいなら、ツヤを出して、光ものをつけてごらん」

という話をしていました。みなさん、ご存じ、「つやこの法則」の基本です。

ツヤかあ……。よし、やってみよう。と思うものの、それまで風呂上りにもクリームなんてつけたことはありません。

おふくろが使っている『桃の花』をつけてみたり、『オロナイン軟膏』をつけてみたり、つけすぎてヌルヌルになっちゃったり。

一人こっそりとツヤ出しに励んでいたのですが、ある日、「これをつけてごらん」と、もらったのが、当時の一人さんの会社、日本漢方研究所（のちの『まるかん』）のオイルでした。

そうしたら、お客さんに「元気そうだね」と言われるようになったのです。

小さなブローチから、小さなペンダントへ。お客さんから「それ、いいね」なんて言われたりして

そして、光もの。これは、なかなかつけられませんでした。

なんといっても、いつも白衣を着て、ジャージをはいて、長靴はいてという格好ですから、光ものをつけるといっても、どうしたらいいのか。

最初は小指の先ぐらいの小さなブローチがせいぜい。

せっかくつけても、お客さんに何か言われたら恥ずかしいから、手で隠してるんです。でも、仕事中、いつも手を胸に当てているわけにはいきません。

油揚げを包んでいるとき、お客さんに、

「何、つけてるの？」

と聞かれて、

「いや……。きれい？」

なんて、照れ笑いしてみたりして。

「似合ってるよ」と言ってくれるお客さんもいたけれど、

「ふーん」

という顔をするお客さんもいて、その反応はさまざまでした。

お店よりもハードルが高かったのは、豆腐屋の会合です。

「何、つけてるんだ」

「色気づきやがって」

とか言われるから、ものすごく恥ずかしいんです。

でも、今考えて見ると、そう言うのは、「全然似合っていないからやめたほうがいい」という意味じゃなくて、気になったから何か言ってみたかったからじゃないかと思うんです。

これって、ある意味、光ものの威力ですよね。だって、自分の奥さんが髪型を変えても気がつかないような人たちが私のブローチには気づくんですから。

当時の私はそんなことに気がつかなくて、たいへんな勇気を振り絞って光ものをつけてました。

小さなブローチの次は、小さなペンダント。ペンダントなら、すぐシャツの下に隠せますから。

それをだんだん大きくしていって。

そのうち、シャツの下に隠すことを忘れちゃうんですね。

そんなとき、お客さんから「それ、いいね」なんて言われたりして、少しずつみんなから勇気をもらっていたような気がします。

「感謝してます」に「ありがとう」の言葉が返ってきた

一人さんには天国言葉もいろいろ教えてもらいましたけど、私のなかでいちばんむずかしかったのは、「感謝してます」という言葉です。

「のぶちゃん、いつもお客様に『ありがとうございます』って言ってるよね。今度から『感謝してます』って、言ってごらん。

どうせ言うんだったら、『ありがとう』より上の言葉を使ったほうがいいよ」

そう一人さんに言われたんですけど、なかなか言う気になれないんです。なぜ、「ありがとう」じゃいけないのか、というより、「ありがとうございます」以外の言葉を知らなかった。

知らない言葉って、口に出しにくいですよね。

「どうしても言いたくない！」というわけではないのに、なかなか口から出てこない。

心をこめた言葉しか口に出しちゃいけないなんて思っていないんですよ。

お客さんの中には「これもおまけしてよ」なんて、一生懸命作ったがんもどきをただでもらおうなんていう人もいます。

そんなとき、心の中では「すごいお客さんだな」と思っていても、「今、なくなっちゃってダメなのよ。ありがとね」なんて、すっと「ありがとう」という言葉が出てくる。

でも、「感謝してます」という言葉が言えないのです。

そんな私を見て、一人さんは紙に「感謝してます」と書きました。

「はい、この字を読んで。言えたね。
はい、もう一度言って」

こんな〝特訓〟を受けて、お店でも言ってみることにしました。
お客さんはびっくりしてました。
そうして、「ありがとう」と言葉を返してくれるんです。
私とお客さんとの関係が変わってきた瞬間でした。

「すべての良きことが雪崩のごとく起きます」の祈りで奇跡が起きる

一人さんはこんなことも言いました。

「会う人すべてに『すべての良きことが雪崩のごとく起きます』って思ってごらん」と。

だから、私は聞きました。

「なんでですか?」

すると、一人さんは言うのです。

「のぶちゃん、お金はだれからもらってる?」

「おやじからです」

バカですね。私の答えを聞いて一人さんはどう思ったでしょう。今思い返しても恥ずかしくて顔から火が出ます。でも、一人さんはそんな私の答えを聞いて、こう言いました。

「のぶちゃん、お父さんからもらうお金はみんながお豆腐を買ってくれたお金だよね。

情報もそう。

友だちもそう。

みんな周りからやってくる。

のぶちゃんが今幸せだとしたら、それは周りの人のおかげなんだよ。

だから、会う人すべてに『すべての良きことが雪崩のごとく起こります』と思ってごらん」


そう言われれば確かにそうです。これは「感謝してます」と言うよりも抵抗なく受け入れることができました。

道ですれ違うときに、「すべての良きことが雪崩のごとく起こります」と祈るんです。

全然知らない人に、です。

顔にツヤを出して、「感謝してます」と言い、「すべての良きことが雪崩のごとく起こります」と祈る……。

これを続けていくうちに人相が変わってきました。最初に気づいたのは両親です。

「おまえ、最近、何かいいことがあったのかい」と、聞くんです。

「あ、なんか変わってきたかな」と思ったのは、このときです。

お店の売り上げも上がってきました。私はお手伝い気分ですから、帳簿をつけることも、見ることもしていませんでしたけど、おやじが「最近、売り上げが上がってきたよ」と言うんです。

奇跡が起こりつつあったのです。

でも、奇跡って、こんなにかんたんに起きるものでしょうか。

幸せになりたかったら「幸せ」って言えばいいんだよ

私は今『まるかん』の仕事をしていますが、一生豆腐屋でもいいと思っていました。

おやじと、ほかの店にない豆腐を作ろうと、わかめやよもぎを入れた変わり豆腐を作ってみたり、すりつぶしたごまを入れたごま豆腐を作ってみたり。

それなりに楽しんでいました。というのとは、ちょっと違いますね。

そのころは楽しいとか、楽しくないとか、そういうことは考えていなかった。

豆腐を作るのが仕事だから作る。それだけ。

だからといって、特別つらいわけでもない。

「楽しい」とか、「幸せ」という言葉は知っていましたけど、それがどういうことなのか、よくわかっていなかったのだと思います。

私はあるとき一人さんに聞きました。

「一人さん、幸せになりたいんですけど、どうすればいいですか?」

一人さんは答えました。


「幸せになりたかったら、『幸せ』って言えばいいんだよ。

『幸せ』って言うと、守護霊様が喜ぶんだよ。

『幸せ』って言うと、御先祖様が喜ぶんだよ。
『幸せ』って言うと、神様が喜ぶんだよ。
『地球に生まれて幸せ』って言うと、地球が喜ぶ。
『日本に生まれて幸せ』って言うと、日本が喜ぶ。
『この会社に入れて幸せ』って言うと、社長が喜ぶ。
『このフロアの同僚と一緒に仕事ができて幸せ』って言うと、同僚が喜ぶ。
家に帰って『あなたと一緒になれて幸せ』って言うと、だんなさんが喜ぶ。
回りが全部喜んでいて、幸せじゃないはずがないでしょ？
これが私たちの、幸せにつながる『黄金の鎖』なんだよ」

それはそうです。周りが喜んでいて、自分が幸せにならないはずがない。

だから、「幸せ」と言っていればいい。

いい仲間に巡り合えて、いい仕事をさせてもらって、いい家族に恵まれて、私は今、とっても幸せです。

「幸せになるのは簡単。人を褒める。まんべんなくやさしくする。」

「世の中って、本当に簡単なんだよ。利害関係のない人を褒める。二度と行かないそば屋とか、あるじゃない。

そういう人を褒める。

そうするとそれがクセになる。

利害関係のない人に言うぐらいだから、取引先に行っても、『部長はいつもおしゃれだね』とか、褒めるのがクセになっちゃうんだよね。

みんな勘違いしてるよね。田んぼも山の上に作るほうがたいへんだと思ってる。平らなところから耕していって、平らなところがなくなっちゃったから、山のほうを段々畑にしたと思ってる。

違うんだよ。山から耕していったんだよ。

平地を田んぼにすると、水路をひかなくちゃいけない。大雨が降ったとき流されないように堤防も作らなくちゃいけない。ものすごくたいへんなんだよ。

ところが山の上だったら、水を上から流せばいい。

利害関係のない人から褒めるのは、それと同じなの。

ふつうは利害関係のある人を褒めようとするけど、それはものすごく高度なワザなの。

だって、利害関係のある人だけ褒めていたら、周りの人に『こいつはおべっか使いだ』と思われる。

そう思われたら終わりなんだよ。

だけど、会う人、会う人に、『こんにちは』と言っている人は、『あの人は、だれにでも公平なんだ』と思われる。利害関係のある人は最後でいいの。

それから、人は褒めたくないのに、自分のことは褒めてほしいと思うよね。だけど、褒めてもらうのは本当にたいへんなの。

オリンピックで金メダルをとった人のことは忘れないけど、3位や4位の選手のことは、けっこう忘れちゃうよね。

世界の3位でもそうなんだから、ふつうの人が褒めてもらおうと思っても、至難のワザなんだよ。でも、人を褒めるのはかんたんだよね。

しかも、人を褒めると、『あの人、いい人よ』と絶対言ってくれる。褒めると気持ちがいいしね。

だから、幸せになるのは簡単なんだ。

人を褒める。

まんべんなくやさしくする。

それだけなんだ」

第三章

困ったことは起こらない

何も言わずに送り出してくれた両親

私が『まるかん』の仕事を始めたのは、忘れもしません。一九九三年五月十四日のことです。当時、『まるかん』は通販で商品を売っていました。この日は私が担当地区に初めてチラシをまいた日です。

私は自分が『まるかん』の仕事をするなんて思っていませんでした。

ただ、はなゑちゃん、純ちゃん、真由美ちゃんと、『十夢想家』で親しくしていた仲間たちがどんどん『まるかん』の仕事を始め

て、仕事のことを楽しそうに話していました
（『まるかん』を始めてから、はなゑちゃんは『十夢想家』を閉めましたが、それからもはなゑちゃんの実家にみんなで集まったりしていたのです）。

私はまだ豆腐屋でしたから、みんなの仕事の話には口出ししないで、聞いているだけでしたが、どんどん、どんどん『まるかん』の仕事をやりたい気持ちになっていきました。

だから、一人さんから、「どう？　のぶちゃんもやってみないか」と言われたときは、本当にうれしかった。

「はい、やります！」と即答しました。

両親も、いつか私が『まるかん』の仕事をするだろうと思ってい

たようです。それはそうですよね。

『十夢想家』でみんなが集まるのは、たいてい夜でした。それぞれ仕事をしてますから、夜の十時ぐらいになります。

朝五時起きの私にすれば、そろそろ布団に入る時間。でも、はなゑちゃんから「今日、一人さんが来るよ」と電話をもらうと、いそいそと行ってしまうわけです。で、話の興が乗り出すのが夜中の十二時とか一時ごろ。

「そろそろ帰らないとまずいな」と思っても、話しているのが楽しくて帰る気持ちになれない。三時まで話し込むこともたびたびありました。

そういうときは寝ないで仕事をしました。

夜出かけることが多くなり、それにつれて、私がどんどん変わっていく。

みんなが『まるかん』の仕事を始めるようになれば、「はなゑちゃんは栃木に行ったんだよ」とか、「純ちゃんは岐阜に行ったよ」という話もします。

そういう話を聞きながら、「この子もいつかは」と思っていたんでしょう。

私が「一人さんの仕事で滋賀に行くよ」と言ったときも、「そうかい。いつ行くんだい？」という感じでした。

親にしてみれば、跡取りがいなくなってしまうわけですから、さびしかったと思いますけど、何も言わずに送り出してくれました。

とても感謝しています。

一人さんのそばにいたい、みんなと一緒にいたい。そう思って始めた『まるかん』の仕事ですが、それまでにもどんな仕事をしたいとか、あまり考えていなかったように思います。

流れに身を任すように、豆腐屋を手伝ったり、『まるかん』の仕事を始めたり……。遊びに行くときでも、同じです。

「スキーに行く?」と誘われれば「行く!」。それで楽しい。

何をやりたいと思ったわけでもないのに、今こうして『まるかん』の仕事をしている。だから、すごく幸せな人間だと思っています。

「仕事は選ぶものじゃないの。仕事がその人を呼ぶの」

「みんな仕事は自分で選ぶものだと思っているけど、仕事は選ぶものじゃないの。仕事がその人を呼ぶの。

私も最初は商人という仕事に呼ばれてた。

次は本を書く仕事に呼ばれた。

次にお弟子さんの本を出すという仕事がまわってきた。

そうしたら、講演という仕事に呼ばれるようになってきた。

そのときその人にとって必要だと思われる仕事に呼ばれるんです。

逃げられない。淡々と呼ばれた仕事をこなしていれば、自然と幸せに向かうものなんだよ」

初めてのことばかり。とくにキツかったのは人との接し方

滋賀に行ったのは、一人さんに言われたからです。私はどこでもよかった。でも、滋賀県には比叡山、三井寺、石山寺、竹生島神社と有名なお寺や神社があるのは知っていましたから、行くのが楽しみでした。

初めて琵琶湖の湖畔に立ったときは感動的でした。目の前に湖が広がり、ふっと振り返ると山がある。私にとって最高の場所でし

た。自然が大好きなアウトドア派ですから。

オフロードといって、ジープで道なき道を走るスポーツ（遊び？）があるんですけど、東京にいたときは休みの日、仲間と富士山の周辺をよく走りに行ったものです。

環境は抜群ですが、やはりプレッシャーはありました。何しろ健康食品を扱うのも初めてなら、経営者という立場になるのも初めて。

それまで豆腐屋の小僧として、白衣とジャージと長靴でずーっと過ごしてきた人間が、ズボンをはいて、ワイシャツなんて着ちゃうわけですから、「いいの？」という感じでした。

経理も親任せでしたから、何もわからない。

すべて初めてのことで、たいへんなことだらけでしたが、とくにキツかったのは、人との接し方です。

それまでは家族で仕事をしていましたから、人の気持ちを察するということは、ほとんどありませんでした。

というより、自分がどういう考えをする人間かということも考えたこともなかった。

人は仕事に呼ばれると一人さんは言いますけど、本当ですね。

ここで今まで経験してこなかったさまざまなことを一度に経験させてもらったように思います。

「心配ごとを書き出してみな。現実になったものはある？　一つもないよね」

世の中には本当にいろいろな人がいます。厳しく注意すると、やめてしまう人がいるかと思えば、やさしく言っていると、いつまでもダラダラしている人がいる。

私はもともと楽天的なほうなのですが、さすがに『まるかん』の仕事を始めた当初は、胃が痛むときもありました。

そのうち、新しく人を入れても、「また、すぐやめたら、どうしよう」「もしかしたら、私には人を見る目がないんじゃないだろうか」とか、心配ごとが山のように出てくる。

以前は「大丈夫ののぶちゃん」と言われるくらい、根拠も何もなく、「大丈夫、大丈夫」と言って、忠夫ちゃんに「本当に大丈夫なの？」なんてよく言われてましたけど、そんな口グセも忘れるほど。

でも、そんなとき、一人さんの「困ったことは起こらない」という言葉を思い出したんです。

たとえば、明日は富士山にオフロードをしに行くというとき。

「明日、雨だったらどうしよう」とか思いますよね。

でも、一人さんは、

「そんなこと、明日になればわかるじゃない？　今から考えてどうするの？」

って。

まあ、確かにそうです。

私のおふくろは典型的な心配症。私が目にけがをしたことが影響しているのかどうかわかりませんけれど、私が「これからスキーに行ってくるよ」と言うと、「だれが運転するの？」「車は大丈夫？」「雪道、気をつけてね」「スピードを出すんじゃないよ」と、黙っていると十も二十も、こんなことを言います（それがイヤで、私は「大丈夫」が口グセになったような気がします）。

おふくろは極端な例ですけど、ふつうに暮らしていても、「親が病気になったらどうしよう」とか、「子供が受験に失敗したらどうしよう」とか、思いますよね。

そういうとき、一人さんは、「心配ごとを書き出してみな」と言うんです。

「ポンポン思い浮かぶ心配ごとを、ひと月に五百も千も書き出してみな。

現実になったものはある？

一つもないよね」

って。

その言葉を思い出してから心配するのはやめました。何か起こったら、そのとき考えようと。

「気をつけて」の本当の意味は「元気をつけて」

今でも心配はします。今、長男が二歳なんですけど、歩き出したころは、危なっかしくて「けがをしたらどうしよう」とか、思いました。

そのたびに、「ああ、またへんなことを考えてる。けがをしたら、そのときに考えればいいんだ」と、自分に言い聞かせています。

もちろん、けがをしないように注意はしますけど、それ以上は何もできませんものね。

『まるかん』で働いてくれている人たちにだって、「この人にはこういう言い方をしてはいけないんだ」とか、いろいろ考えますけど、それ以上は考えてもムダ。

そう思えるようになってから、「大丈夫ののぶちゃん」が復活したように思います。


ところで、よく「気をつけてね」と言いますが、みんな心配そうに言いますよね。そんな言い方をされると、子供だって、「知らない人にさらわれるんじゃないか」「車にはねられるんじゃないか」と心配になってしまいます。それでは楽しく遊べません。

「気をつけて」の本当の意味は「元気をつけて」。

だから、うちでは心配そうに「気をつけて」とは言いません。

元気に明るく**「元気をつけて！」**。

子供たちも楽しそうに遊びに行きます。

「はい、大丈夫です」の、のぶちゃん

観音参りに行ったときの話です。一人さんの趣味が観音参りということで、私たち十人の弟子たちも観音参りが大好きです。

何年か前のお正月、私が秩父の観音参りに行ったときのことです。私はそのことをのぶちゃんには言ってましたけど、のぶちゃんも秩父の観音参りに行く予定だということを私は知りませんでした。

私は車で出かけましたが、のぶちゃんは徒歩で秩父の札所三十四か所をまわろうとしていたようです。

お遍路さんになって歩きで四国の八十八札所をまわるときは、だいたい五十日かかるそうですけど、秩父の札所だって、そうかんたんに徒歩で行けるところではありません。

徒歩でまわった人はわかると思いますけど、つらいです。フルマラソンを五回やるくらい、すごいことです。

秩父は朝は氷点下になりますし、山に入れば熊も出ます。その道中を楽しみに歩いていたと思うんですけど、お昼ごろになって、私がカツ丼を注文し、今まさに食べようとしたとき、携帯が鳴ったんです。

「だれだろう」と思ったら、のぶちゃんからだったんです。

「忠夫ちゃん、一歩も歩けない。助けにきてくれ」

弱音なんか絶対吐かない、あののぶちゃんが助けに来てくれというんです。

よっぽどのことなのかなあと思い、カツ丼も食べずに駆けつけたら、ガードレールのところで寝ておりました。

「大丈夫か」と声をかけたら、「はい、大丈夫です」と言うんです。すごいです、口ぐせというのは。

ただ足は痙攣でプルプル震えていましたけど。

第四章

愛ある言葉を話そう

「イソギンチャクには
イソギンチャクの幸せ」がある

一人さんはよく、「イソギンチャクにはイソギンチャクの幸せ、マグロにはマグロの幸せがある」と、言います。

何を幸せに思うかは人それぞれ、もちろん性格だって人それぞれです。

『まるかん』を始めたころ、私がつらかったのは、それがわかっていなかったからかもしれません。

当時、『まるかん』の商品は通販で売っていましたから、社員の仕事は電話の受け答えが中心になります。

電話がかかってきたら、「お電話感謝してます。日本漢方研究所です」と言って出る。

これは『まるかん』のルールでした。ルールなんだから、守ればいいだけ。

でも、これができない人がいる。「こんなかんたんなことが、どうしてできないんだ⁉」と思いました。なんとか言ってもらおうとしました。

顔にツヤを出して、光ものをつけて、天国言葉を話す。私はそれでどんどん変わることができましたから、周りの人も幸せになってほしいと思って、「こうやるといいよ」「こういう言葉を使うといいよ」と教えました。

でも、やらない、言わない人がいる。それでイライラしたりもしました。

でも、考えを直す、直さないは、その人の自由なんです。私には、その人の考えを変えることはできません。

「イソギンチャクにはイソギンチャクの幸せがある。人はみんな違うんだ」

と一人さんに言われて、やっとそれがわかりました。

変わらないのは、あなたの自由、考え方が違うだけ

だから今は、「感謝してます」と言えない人にはやめてもらいます。「変わらないのは、あなたの自由。ただ、私たちとあなたとはグループが違うみたいだね。我々は野球のチームで、あなたはお花を生けるグループ。グラウンドで生け花していると危ないでしょう。別のところでやって」と。

悪い人じゃないんです。ただ、考え方が違うだけ。自分の考えを押しつけると、こっちもイライラ、向こうもイライラ。いがみ合いが始まってしまいます。

もともと怒ることがほとんどない私ですが、今は面と向かって「バカだね」と言われても怒らないと思います。

もちろん、「そんなことを言われる筋合いはない」と、むっとしますけど、その人は、私のことをバカだと思ってるわけで、その思いは私に止めることはできないから、「そう」と、冷静に受け止めます。

こんな私を見て、みんな「のぶちゃんは、いつもニコニコしている」と言ってくれるんでしょうね。

でも、むっとはしてるんですよ（笑）。

イヤな思いなんて一瞬で消える

「思いを止めることはできない」

と、一人さんは言います。

でも、その思いがイヤなものだったら、できるだけ早くその思いが消えるように、頭を切り替えたほうが幸せです。

というより、それをイヤなことと考えない。このへんは、どのお弟子さんたちもすごくじょうずです。

私たちはみんなで旅をすることが多いのですが、移動はたいてい車です。そのとき無理な追越をする人がいても、「チェッ」とか言いません。

「おにいさん、いいワザをもってるね。達人だね」と、褒めて、「前のおにいちゃんにすべての良きことが雪崩のごとく起きます」と祈る。

旅館に泊まったとき、湿気て重たい布団が出てきたら、「一枚で十枚分の重さが楽しめる」と笑っちゃう。

こんなふうに言って笑ったら、イヤな思いなんて、一瞬で消えてしまいます。

私は、レストランでまずいものを食べたり、ホテルで態度の悪い従業員に出会うと、「ああ、ありがたいな」と思います。

だって、まずいというのがわかるのは、それまでおいしいものを食べていたということだし、態度が悪いなというのがわかるのは、いい対応をされた経験があるということですよね。

今までそんなことは気がつかなかったけれど、今、ここでまずいものを食べたおかげで、自分がどんなに幸せかわかった。ありがたい、ありがたい、幸せだというわけです。

つまらない映画を見たときでも、「ああやっぱり以前見た、あの映画の監督は素晴らしかった。今日の千八百円は、そのことを知る授業料だったんだな」と思うんです。

人をけなす言葉を言うのも聞くのも嫌いなので、文句を言うことはありませんでしたが、それでもイヤな思いはひきずっていました。
でも、「ありがたい」と思うようになると、イヤな気持ちにならないんです。
一人さんは、

「愛ある言葉を話そう」

と言います。そうすれば、周りの人も幸せになるし、回りの人が幸せになれば自分も幸せになる。
みなさんもやってみてください。

言葉が先。心はあとからついてくる

「会う人会う人をいやな気分にさせるか、気分よくするかで人生は変わります。

そば屋さんに行ったら、オレのほうが客だからと、えらそうな顔をする人がいるけど、それが違うの。

お水をもってきてもらったら、『ありがとう』。

おそばをもってきてもらったら、『ありがとう』。

食べ終わったら、『おいしかったよ。ありがとうね』。

これは社会のルールなの。

心にもないことを言いたくないという人がいるよね。そうじゃないんだよ。

だって、心っていつまで待てば変わるかわからないよね。

心を先に変えようと考える人は何もできない。

言葉が先。

心はあとからついてきます。

もし、そば屋の店員さんが女の人だったら、『おばさん』じゃなくて、『おねえさん』。

自分だって、『おじさん』と呼ばれるより、『おにいさん』と呼ばれたほうが気分がいいよね。

自分は言われたいけど、人には言いたくないというのは性格が悪いんだよ。

もし、その人がどう見ても『おばさん』だったとしても、人のいやがることは言わない。人が喜ぶことを言う。

それが人の生きる道なんです。

やらない理由は、たった一つ、やりたくないからです。世の中はシンプルなの」

「自分が好き」というのがいちばん大事

『人に親切にしたり、相手が喜ぶことをしたり、言ったりするのは、自分が好かれたいからなんだけど、それではダメですか』と聞いた人がいます。それが当たり前。

だって、人はみんな自分のことが好きなんだから。『自分が好き』というのが、いちばん大事なんです。

自分が嫌いな人は、自分がどうなってもいいと思っているし、人のことはもっとどうでもいいと思ってる。

自分のことが好きだったら、自分を刑務所に入れたくないから犯罪は犯さないけど、自分が死刑になってもいいぐらいに思っている人は平気で人殺しだってしてします。

自分のことを可愛がれないような人は、人のことも可愛がれません。

『自分のことばっかり可愛がっている人がいます』というけど、もし、その人がみんなに嫌われているんだったら、それは可愛がっていることにはなりません。

自分のことを嫌われる状態におくということ自体、自分のことを愛してないということだもの。

自分のことを追い詰めるようなことは、自分を愛している人はしないんだよ。

絶対幸せになれる「ありがとう」「人を喜ばせる」「愛ある言葉」

『私、孤独なんです』という人がいます。だけど、絶海の孤島に住んでいるわけじゃないのに、孤独だとしたら、絶対間違ってるんだよ。

周りの人のことを褒めてるかい？　好かれるようなこともしてないで、好かれないのは当たり前。それは自分を可愛がってないということです。

人に嫌われて、人生、楽しくないもの。

『人に合わせてばかりじゃ疲れる』というのは、合わせ方が間違っているんです。
お水いっぱいでも出してもらったら『ありがとう』。
そして、人を喜ばせる、愛のある言葉を言う。
それだけで絶対幸せになれます」

遠藤忠夫社長の証言②

どんなことがあっても「ツイている」と言えるのぶちゃん

のぶちゃんとはよく一緒に食事に行きます。で、会計になると文払うのは必ずのぶちゃん。ささっと行って、精算しちゃうんです。「のぶちゃん、いつも先に払っちゃうけど、たまには出させてよ」とか、「ワリカンにしようよ」と言ったことがあるんですけど、そのとき、のぶちゃんはこう言うのです。

「払えるだけ幸せでーす」。

確かにそうだな。払えるだけ幸せだなって思います。でも、ふつうの人はなかなか言える言葉じゃないと思うんですね。

ふつうだったらワリカンにしようとか、たまにはおまえが払えよというんですが、のぶちゃんはいっさいそういうことは言いません。払えるだけ幸せ。幸せ、幸せとつねに言っています。

三年間暮らしたなかで忘れられない思い出があります。それは梅酒事件。

当時のぶちゃんはスリーAカルシウムという液体状のカルシウムを飲んでいたんです。

七百五十ミリリットルの瓶に入っていて、ふつうの人はキャップで一杯飲むんですけど、のぶちゃんはいつもそれをグビグビと一気飲みしていました。

ある日、スタッフが私に梅酒をくれたんです。「冷やしておこう」と思って容器を探したんですけど、スリーAカルシウムの空瓶しかありません。

その瓶に梅酒を移して冷蔵庫に入れました。その後、出張で三日ぐらい留守にしたんです。

そのとき事件はおきました！

のぶちゃんが、夜、冷蔵庫を開けてスリーAカルシウムをいつものようにグビグビグビグビ……のどが渇いているから止まりませんね。相当の量を飲んだらしいです。

しかし、飲んだものはスリーAカルシウムではなくて、私が飲もうと思った梅酒です。それをグビグビ飲みました。

ちなみにのぶちゃんは、アルコールを受け付けない体。梅酒を一気飲みして、倒れました。

のぶちゃんに用事があって、みっちゃん先生をはじめ、はなゑ社長、大社長、みんなのぶちゃんを捜したけれど、行方がわからない。

そのころのぶちゃんは、家で倒れていたのです。気がついたのは丸二日たってから。

みんなに電話して、「家で倒れてました」と言ったそうです。

のぶちゃんがそのあと言った一言はこうでした。

「ここのところ忙しくて睡眠不足だったけど、二日間ゆっくり寝られた。これは、ついてる」

命を落としてしまうかもしれないところを「ついてる」と言ったんですね。

素晴らしいですね。どんなことがあっても、ついてる。

第五章

人様が喜ぶこと、世の中が喜ぶことをすればいいんだよ

私の大好きな神社の鏡を見ると神様が見える

一人さんと出会って、そろそろ二十七年。この間に一人さんからいろいろな話を聞きました。

その中でもとくに私が好きな話があります。

それが「鏡の話」。

神様が大好きな私が、一人さんに「神様を見たことがありますか？」と、質問をしたことから始まった話です。

私の質問に、例のごとく、一人さんは即答しました。

「あるよ」

ここまでは予想できました。さらにもう一歩突っ込んで聞いてみます。

「私にも見えますか？」

次の答えはまったく予期しないものでした。

「見えるよ。神社に鏡があるよね。その鏡を見ると、神様が見えるよ」

確かに神社にいくと、神殿のそばに鏡があるんです。それは知ってました。でも、鏡を見ても、映っているのは私の顔だけです。

だから、一人さんに言いました。

「私の顔しか見えません」

そうしたら、一人さんはこんな話をしてくれたのです。

自分しか見えない人は我が強い人

「神社に行くと、鏡があります。あの鏡をのぞくと、神様が見えるようになっています。

それをのぞくと、たいがいは自分の顔が映るので、『これは神様じゃない』と言う人がいるけれど、実はその鏡に映っている人が神様なんです。

けれど、『これは私の顔だ』と言い張る人がいます。

それはなぜかというと、『我』が強いからなんです。

『かがみ』という言葉は、真ん中に『が』が入っています。自分しか見えない人は、『我』が強いんです。

『我』が強いと『かがみ』のままで自分が映るんだけど、『我』を抜くと『かみ』という言葉になって、映っている人が『神様』になる。

自分のことしか考えないというのは、どういうことかというと、人間には食欲とか、性欲という『欲』があるんだけど、これを原始本能といいます。

むずかしい話をすると、脳は三層構造になっていて、いちばん下に爬虫類の脳、次にサルの脳、いちばん上に人間の脳というふうに重なってるんだけど、人間の脳というのは、ものすごく神に近いんだよ。

爬虫類脳が食欲とか、性欲を司っているんだけど、四六時中ごはんのことを考えていなくても、ちゃんとおなかは減るし、トイレにも行くし、基本的なことはあまり考えなくてもいいようにできてるの。

自分のことばかり考えているのが『我』がある状態ということなんだよね。

『自分が、自分が』と言って爬虫類脳で生きていると、『我』が強いから、『この人が神なんだよ』と言っても信じられない。

神らしいことはしたことがないし、する気のない人間が神に見えるわけがない。

これが幸せにつながる黄金の鎖

ところが、そういうこと以外に、自分はどうやったら人の役に立てるんだろうか、自分がブスッとした顔をしてたら、人がいやな思いをするだろうな、悲しい顔をしていたら心配するだろうなと、自分のことを忘れて、人のことを考えるようになると『我』が抜ける。

愛のある言葉で話すとか、笑顔でいるとか、人のために自分が無理をしないでできることを考えていたら、その人がやっていることは神様に近いんだよね。

人様のために働くことは、神様のお手伝いをしていることだから、神様に近づいていく。人様が喜ぶこと、世の中が喜ぶことをただすればいい。

神様に近いことをしていれば、自分の顔が神になって、あなたの中に神がいるようになるんだよ。

お神酒《みき》というのがあるよね。これは三つの喜び（お三喜《みき》）、『うれしき』『たのしき』『ありがたき』ということで、これさえあげていれば、お酒なんてあげなくていいの。

『うれしいね』『ありがたいね』『たのしいね』というお神酒をあげ

ていれば幸せになるし、それを実際にやれば、もうその人は神様なんだよ。
これが私たちの、幸せにつながる『黄金の鎖』なんだよ」

髪や顔にツヤを出すのは、神様を磨いていること

この話を聞いて、私は思いました。
鏡に映るのは、私の顔。これは神様だとすると、いつも磨いていなければいけません。
神に仕える巫女《みこ》さんは、真っ白な着物を着て、朱の袴《はかま》をはき、手

には金の鈴を持っています。

今でこそ、みんな華やかな色の服を着るようになったけれど、昔の人からみたら、巫女さんはとんでもなくきらびやかで華やかな存在だったに違いありません。

「髪や顔にツヤを出すのは、神様を磨いていることなんだ。服にはピカピカ光るものをつけて、華やかにしよう。人の役にたつことを考えて、愛ある言葉を話すようにしよう。

『我』を捨てて、笑顔を忘れず、お宮としてちゃんと立っていよう。それが私のお役目なんだ」

まだまだ修行中の私です。でも、毎日本当に幸せです。

私のこの話がみなさんの役にたったら、本当に本当に幸せです。

ここまで読んでくださって、ありがとうございました。

感謝してます。

みなさまにすべての良きことが雪崩のごとく起きます。

一人さんからの言葉

いつもやさしく、ニコニコしているのぶちゃんが、こんな素敵な本を出してくれたことを、とてもうれしく思います。

この本を読んだ人たちは、のぶちゃんから勇気をもらって、「幸せだ、幸せだ」と言いながら毎日楽しく歩いてくれますね。

そして、幸せを手に入れて喜んでいる顔が目にうかびます。

のぶちゃん、ほんとうにいい本をありがとうございます。

ひとり

楽しくなる言葉

地獄言葉

ついてない

不平不満

グチ・泣きごと

悪口・文句

心配ごと

ゆるせない

こういう言葉を言っていると、
もう一度こういう言葉を言ってしまうような、
イヤなことが起きます！

家庭も職場も明るく

天国言葉

愛してます

ついてる

うれしい・楽しい

感謝してます

しあわせ

ありがとう

ゆるします

**こういう言葉をたくさん言っていると、
また言いたくなるような、
しあわせなことがたくさん起きます！**

斎藤一人さんの公式ホームページ

http://www.saitouhitori.jp/

一人さんが毎日あなたのために、ついてる言葉を、日替わりで載せてくれています。愛の詩も毎日更新されます。ときには、一人さんからのメッセージも入りますので、ぜひ、遊びにきてください。

お弟子さんたちの楽しい会

♥斎藤一人　大宇宙エネルギーの会 ― 会長　柴村恵美子
恵美子社長のブログ　http://ameblo.jp/tuiteru-emiko/
恵美子社長のツイッター　http://twitter.com/shibamura_emiko
PC　http://www.tuiteru-emi.jp/ue/
携帯　http://www.tuiteru-emi.jp/uei/

♥斎藤一人　感謝の会 ―――――― 会長　遠藤忠夫
http://www.tadao-nobuyuki.com/

♥斎藤一人　天国言葉の会 ―――― 会長　舛岡はなゑ
http://www.kirakira-tsuyakohanae.info/

♥斎藤一人　人の幸せを願う会 ――― 会長　宇野信行
http://www.tadao-nobuyuki.com/

♥斎藤一人　楽しい仁義の会 ――― 会長　宮本真由美
http://www.lovelymayumi.info/

♥斎藤一人　今日はいい日だの会 ―― 会長　千葉純一
http://www.chibatai.jp/

♥斎藤一人　ほめ道 ――――――― 家元　みっちゃん先生
http://www.hitorisantominnagaiku.info/

♥斎藤一人　今日一日奉仕のつもりで働く会 ― 会長　芦川勝代
http://www.maachan.com

一人さんよりお知らせ

今度、私のお姉さんが千葉で「一人さんファンの集まるお店」（入場料500円）というのを始めました。

コーヒー無料でおかわり自由、おいしい“すいとん”も無料で食べられますよ。

もちろん、食べ物の持ち込みも歓迎ですよ。

みんなで楽しく、一日を過ごせるお店を目指しています。

とてもやさしいお姉さんですから、ぜひ、遊びに行って下さい。

行き方：JR千葉駅から総武本線・成東駅下車、徒歩7分
住所：千葉県山武市和田353-2　　**電話**：0475-82-4426
定休日：月・金
営業時間：午前10時～午後4時

一人さんファンの集まるお店

全国から一人さんファンの集まるお店があります。みんな一人さんの本の話をしたり、CDの話をしたりして楽しいときを過ごしています。近くまで来たら、ぜひ、遊びに来て下さい。ただし、申し訳ありませんが一人さんの本を読むか、CDを聞いてファンになった人しか入れません。

住所：東京都江戸川区松島3-6-2　　**電話**：03-3654-4949
営業時間：朝10時から夜6時まで。年中無休。

各地の一人さんスポット

ひとりさん観音：瑞宝山　総林寺
北海道河東郡上士幌町字上士幌東4線247番地　　☎01564-2-2523
ついてる鳥居：最上三十三観音第二番　山寺千手院
山形県山形市大字山寺4753　　☎023-695-2845

観音様までの楽しいマップ

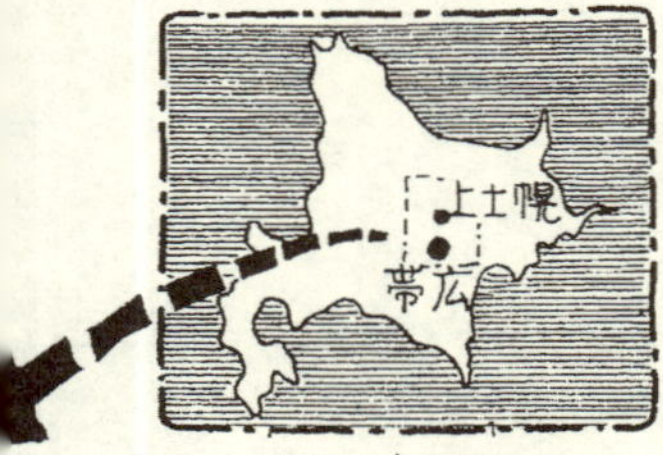

① 愛国←→幸福駅

『愛の国から幸福へ』この切符を手にすると幸せを手にするといわれスゴイ人気です。ここでとれるじゃがいも野菜・etcは幸せを呼ぶ食物かも!特にとうもろこしのとれる季節には、もぎたてをその場で茹でて売っていることもあり、あまりのおいしさに幸せを感じちゃいます。

② 十勝ワイン(池田駅)

ひとりさんは、ワイン通といわれています
そのひとりさんが大好きな十勝ワインを売っている十勝ワイン城があります
★十勝はあずきが有名で『赤い宝石』と呼ばれています。

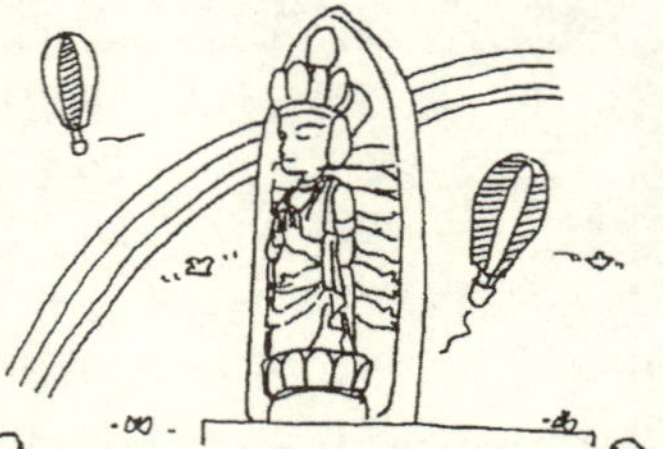

★観音様

ひとりさんの寄付により、夜になるとライトアップして、観音様がオレンジ色に浮かびあがり、幻想的です。

この観音様は、一人さんの弟子の1人である柴村恵美子さんが建立しました。

③ 上士幌

上士幌町は柴村恵美子が生まれた町。そしてバルーンの町で有名です。8月上旬になると、全国からバルーンミストが大集合。様々な競技に腕を競い合います。体験試乗もできます。ひとりさんが、安全に楽しく気球に乗れるようにと願いを込めて観音様の手に気球をのせています。

④ ナイタイ高原

ナイタイ高原は、日本一広く大きい牧場です。牛や馬、そして羊もたくさんいちゃうのヨ。そこから見渡す景色は雄大で感動!!の一言です。ひとりさんも好きなこの場所は行ってみる価置あり。

牧場の一番てっぺんにはロッジがあります(レストラン有)。そこで、ジンギスカン焼肉・バーベキューをしながらビールを飲むとオイシイヨ!とってもハッピーになれちゃいます。それにソフトクリームがメチャオイシイ。2ケはいけちゃいますヨ。

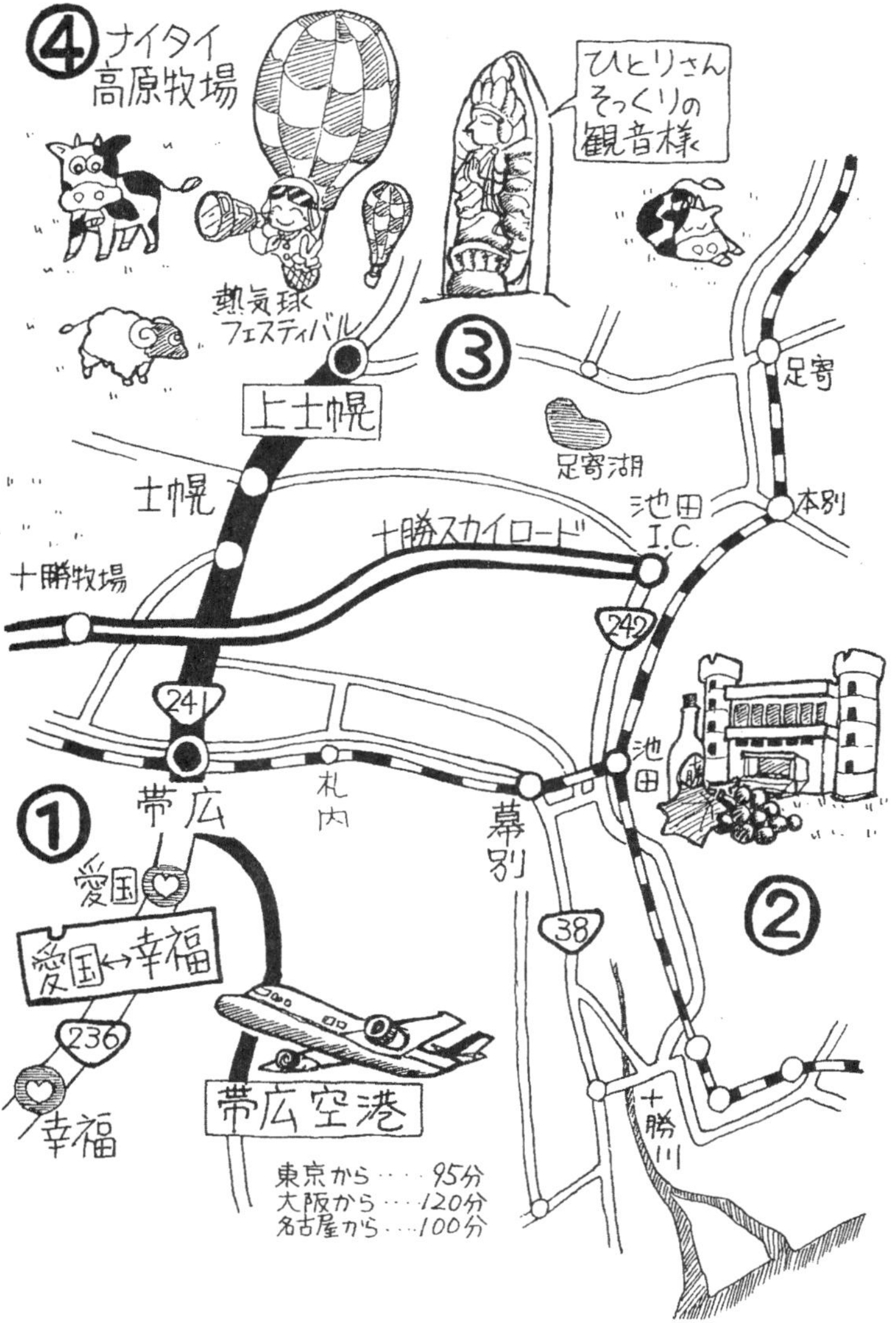

④ナイタイ高原牧場
熱気球フェスティバル
ひとりさんそっくりの観音様
③
上士幌
足寄
足寄湖
士幌
池田I.C.
本別
十勝スカイロード
十勝牧場
242
241
帯広
札内
幕別
池田
①
愛国
愛国↔幸福
②
38
236
幸福
帯広空港
十勝川
東京から……95分
大阪から……120分
名古屋から……100分

千葉県にひとりさん観音が…できましたよ!!

合格祈願にぜひどうぞ!!

ひとりさんが親しくさせていただいている蔵元・寺田本家の中に、ご好意で『ひとりさん観音』をたててくれました。

朝8時から夕方5時までお参りできますよ。

近くまできたら、たずねて下さいね。

合格祈願・家内安全・良縁祈願・恋愛成就に最適ですよ。

お賽銭はいりませんよ。

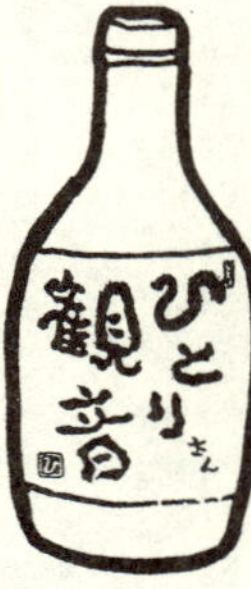

住所：千葉県香取郡神崎町神崎本宿1964
電話：0478(72)2221

観音参りした人だけ買えるお酒〔4合びん／1522円(税込)〕です。

ひとりさんの楽しいドライブコース

成田インターでおりて

—20分→ 滑河観音 —10分→ 蔵元・寺田本家

—5分→ 喫茶「ゆうゆう」 —20分→ 香取神宮

—5分→ 香取インターで高速にのる

蔵元・寺田本家

- 成田インターから車で25分
- JR神崎駅から徒歩20分

喫茶「ゆうゆう」

住所：千葉県神崎町大貫131−3
電話：0478(72)3403
定休日：木曜日

『斎藤一人流　すべてうまくいくそうじ力』

舛岡はなゑ 著　（ＫＫロングセラーズ刊　一六〇〇円＋税）

いらないモノ、はなゑちゃん、山ほどためてるだろ。
それ全部、捨てな。
つべこべいってないで、とっとと捨てな、って――。
ちょっとでも捨てだすと、それだけでも
人生、違ってくるから。

斎藤一人

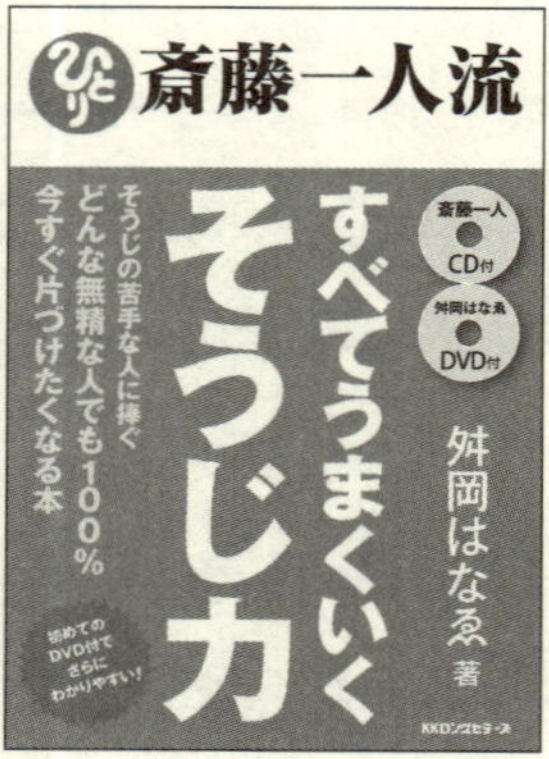

〈CD・DVD付〉

『斎藤一人　すべてがうまくいく上気元の魔法』

斎藤一人著

（ＫＫロングセラーズ刊　一五〇〇円+税）

私は「上気元の奇跡」をずっと起こしてきたんです。
生涯納税額日本一になれたのも、いつも「上気元」でいたから
「上気元の奇跡」が起きたんだと思うんです。
私は、これからもずっと「上気元」でいます。
このことを知ってしまうと、もったいなくて、もう不機嫌にはなれません。

斎藤一人

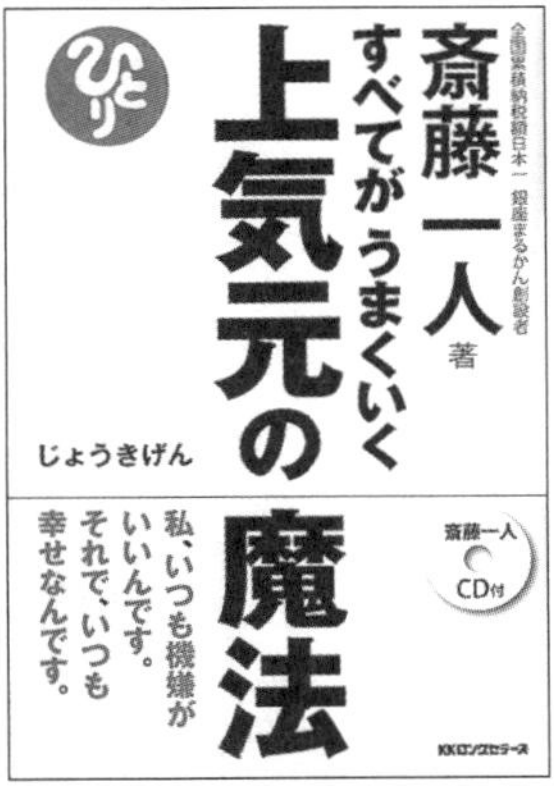

〈CD付〉

『斎藤一人　奇跡連発 百戦百勝』

（ＫＫロングセラーズ刊　一五〇〇円＋税）

舛岡はなゑ 著

わたしにとって一番の、最大の謎は、わが師匠・斎藤一人さん。

出会った当初から一人さんは不思議な人だったけれど、弟子になって長い間ずっとそばにいてもなお一人さんは謎のかたまりで、ホントにとっても不思議な人です。

それも、ただの不思議じゃない、そんじょそこらの代物とは全然まったく違う。

わたしは、そのことを、どうしてもいいたくて、いいたくて、しょうがありませんでした。

この際、思いっきり一人さんの不思議なことを書いちゃおう！

そう決定した次第です。

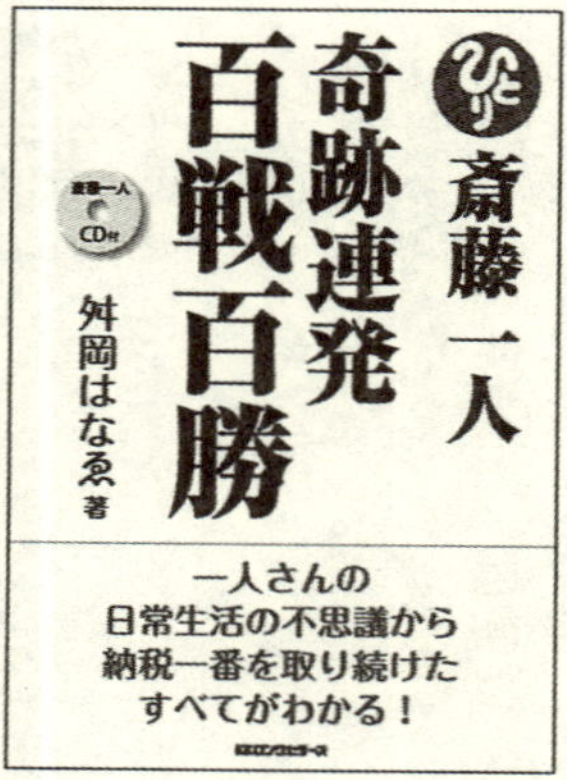
ひとり
斎藤一人
奇跡連発
百戦百勝
斎藤一人
CD付
舛岡はなゑ 著
一人さんの
日常生活の不思議から
納税一番を取り続けた
すべてがわかる！

〈CD付〉

『斎藤一人　こんな簡単なことで最高の幸せがやってくる』

一人さんのお姉さん著

（KKロングセラーズ刊　一四〇〇円＋税）

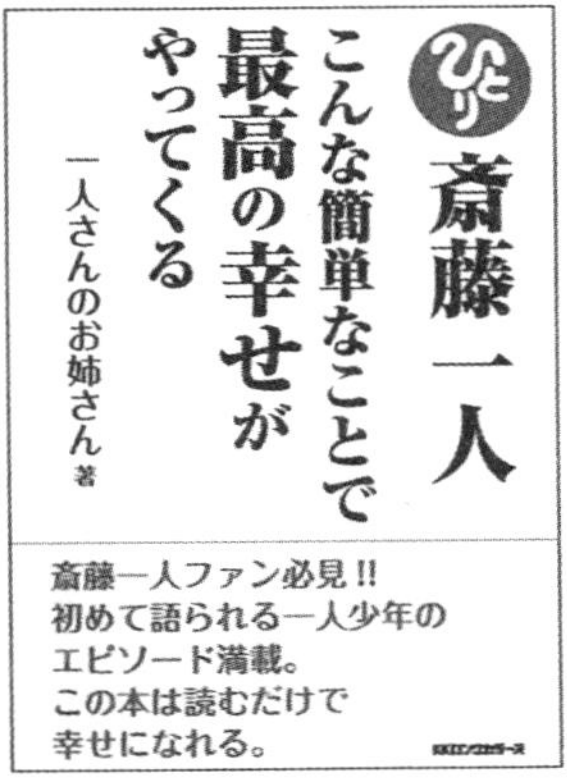
ひとり
斎藤一人
こんな簡単なことで
最高の幸せが
やってくる
一人さんのお姉さん著
斎藤一人ファン必見!!
初めて語られる一人少年の
エピソード満載。
この本は読むだけで
幸せになれる。

私は千葉の成東という町で、「一人さんファンの集まる店」を始めました。

いま、私は、いままでの人生の中で、最高に幸せです。

毎日、たくさんの人とお話したり、笑ったり。

お店に来てくださる方々から、

「一人さんって子どもの頃、どんなお子さんだったのですか？」

「お姉さんは、いままでどんな人生を歩んできたんですか？」

と質問されることがよくありました。

そこで、私なりに、いままでの人生をふりかえってみようと思いました。

この本を書くことで、我が弟、斎藤一人さんと、私の歩んできた人生を、少しでも伝えられたら嬉しいです。

『斎藤一人　成功脳』

斎藤一人著

（KKロングセラーズ刊　一四〇〇円＋税）

本来、自分に自信のない人は、

「オレにはできないけど、脳にはできる！」

そう言っていればいいんです。

一人さんのお弟子さんたちも、最初はみんなね、「私たち、社長になれるかしら？」って言ってたんです。

だからオレは、

「なれる。あなたにはできないけど、あなたの脳にはできる！」

そう言ってたら、ホントに全員社長になれました。

だからね、何か商売していて大変でもね、

「オレにはできないけど、脳にはできる！」

そう言い続けてください。

斎藤一人

〈CD付〉

『斎藤一人　愛される人生』

斎藤一人著

（ＫＫロングセラーズ刊　一六〇〇円＋税）

人は愛することも大切だけど、愛される人生を送ることがとても大切。

愛するだけならストーカーでもできるけど、愛される人生を送るには、愛されるような行為が必要。

これからは、愛される人生がしあわせのキーワード。

斎藤一人

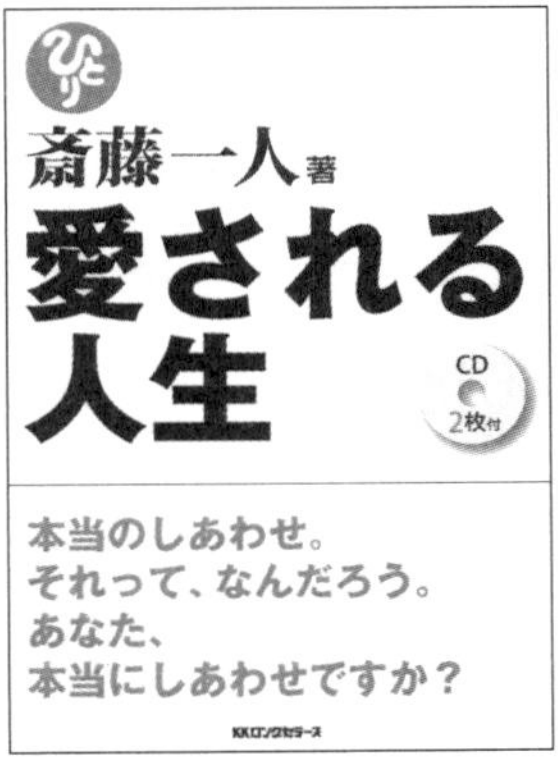

〈ＣＤ２枚付〉

『斎藤一人　絶好調』

斎藤一人著

（KKロングセラーズ刊　一五〇〇円＋税）

この本は、グランドプリンスホテル「飛天の間」で、パーティーを開いたとき、話したものです。当日は、「飛天」始まって以来の大盛況で、会場に入りきれない人が何百人と出たほどのにぎわいでした。

講演の内容は、お弟子さんたちの「斎藤一人さんの教え」と、私の「幸せのなり方」「病気の治し方」「霊の落とし方」「仕事の話」「人生はドラマだ」と、盛りだくさんです。

この話は、私がみなさんにどうしても伝えたい内容です。

ぜひ、何度も、読んで（聞いて）ください。

一生、あなたのお役に立つと確信しています。

斎藤一人

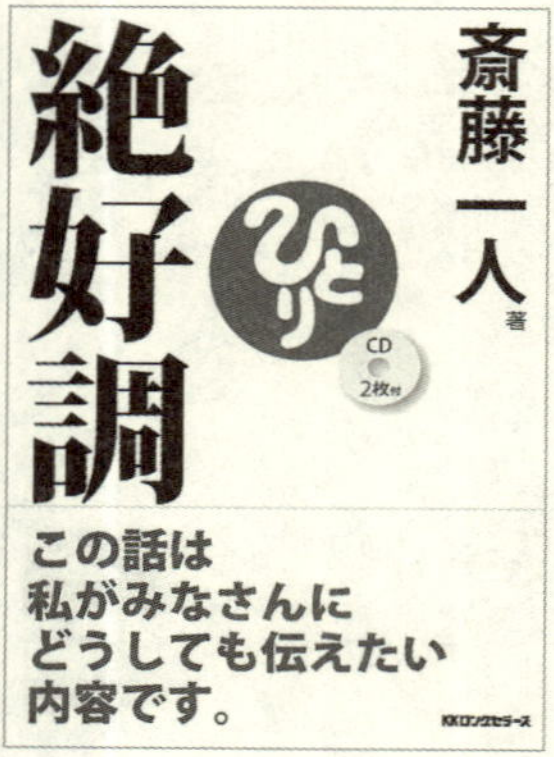

〈CD2枚付〉

『斎藤一人　幸せの道』

斎藤一人著（ＫＫロングセラーズ刊　一五〇〇円＋税）

遠くに幸せを求めないでください。
遠くに幸せを求めると、
ほとんどの人が行き着きません。
苦しくなるだけです。
それより、
今の自分の幸せに気がついてください。

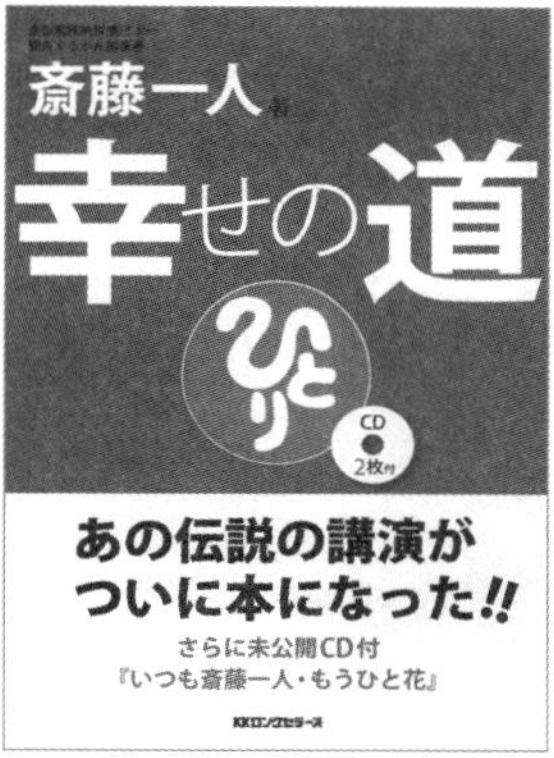

〈CD2枚付〉

斎藤一人

『斎藤一人おすすめ　明日に向かって』

福田　博著　（ＫＫロングセラーズ刊　一四〇〇円＋税）

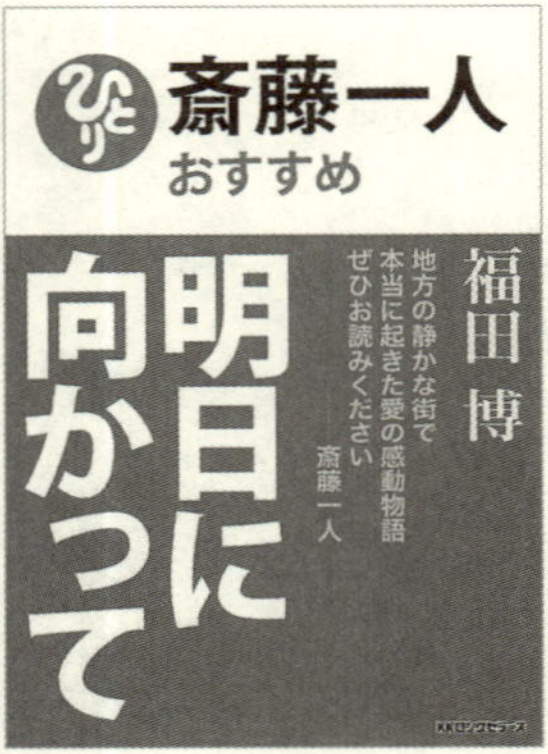

私が地方のある街を歩いていると、やっているかいないかわからないような喫茶店がありました。

その店を見たとき、私はどうしてもこの店に入らなければいけないという気持ちにさせられました。しかし、店の中に入ると、そこには誰もおらず、大きな声で「すいませーん、こんにちは」と、何度叫んでも、誰一人出てきません。

五分ぐらいすると、店のマスターらしき男性が現れ、だまってコーヒーをたててくれました。「お客さんは、旅の人ですね」と言ったあと、語り始めた衝撃の物語に、私は強く心をうたれました。

あなたも、ぜひ、この物語をご覧ください。

斎藤一人

『斎藤一人　大宇宙エネルギー療法　感動物語』

柴村恵美子著　（ＫＫロングセラーズ刊　一五〇〇円＋税）

〈ＣＤ付〉

恵美子さん、出版おめでとうございます。

本当にステキな本ができましたね。

恵美子さんが無償の愛のボランティアで、エネルギー療法を広めてくれていることは、普段からとても感謝しています。

こういう本を書くと、宗教と間違えられたり、霊感商法と誤解されることもあるのに、勇気を持って出版してくれた恵美子さんに、心から感謝します。

そして、多くの体験談を寄せてくれた皆様にも、心から感謝いたします。

また、今も忙しい中、ボランティアでエネルギー療法をしてくださっている全国の療法師の皆様に、心から感謝いたします。

こんなステキな人達に出逢わせてくれた神様に、心から感謝いたします。

斎藤一人

『斎藤一人　笑って歩こう無敵の人生』

芦川政夫著

（ＫＫロングセラーズ刊　一四〇〇円＋税）

私の人生はまったくツイていませんでした。
そんな私が一人さんと出会って、変わったのです。
幸せになれたのです。
この本を読んでくださる方が、幸せになれないわけがありません。
あれだけツイていなかった私が言うんだから、間違いないのです。

芦川政夫

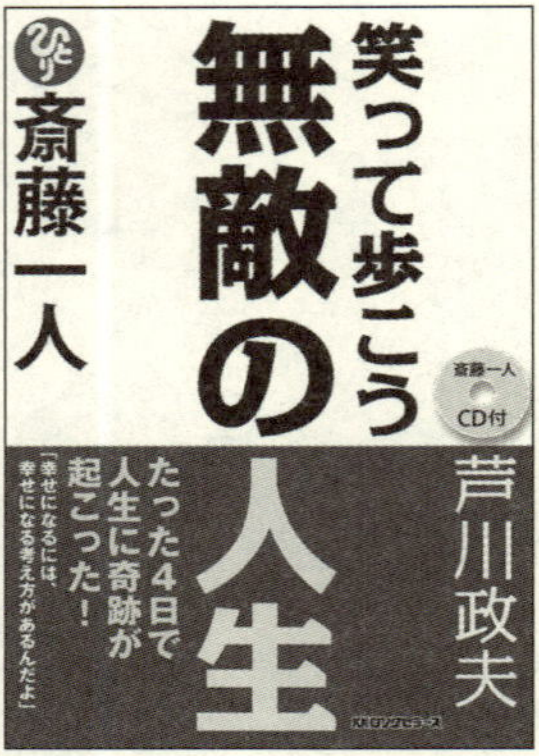

〈ＣＤ付〉

『斎藤一人　愛は勝つ』

大信田洋子著

（ＫＫロングセラーズ刊　一五〇〇円＋税）

こんなに、すごい人たちが、
まるかんを支え、
私を支えてくれているんだ、
と、思っただけで、胸が熱くなります。
この人たちを、私のもとへ連れてきてくれた
神さまに、心から感謝します。

斎藤一人

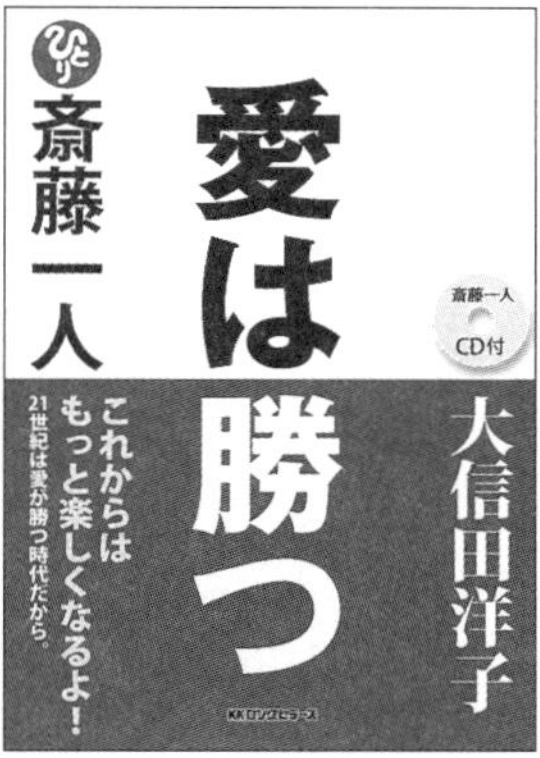

〈ＣＤ付〉

『斎藤一人　天使の翼』

芦川裕子著

（ＫＫロングセラーズ刊　一五〇〇円＋税）

この本は、心が凍りつくような体験から内に閉じこもってしまった少女が、天使の翼を得て最高の喜び・しあわせを得るまでのドキュメントです。

やわらかな春の日差しを連れた「ある人物」が、突如として、少女の目の前に現れ、凍った心をあたためてゆきました。

あの、ぬくもりが、あなたの心にも伝わりますように。

世の中全体が、やさしい春の陽光に包まれますように。

そう念じつつ、私と斎藤一人さんとの出会いからその後の出来事、そして、一人さんからいただいた素晴らしい魂再生の法をお話させていただきます。

芦川裕子

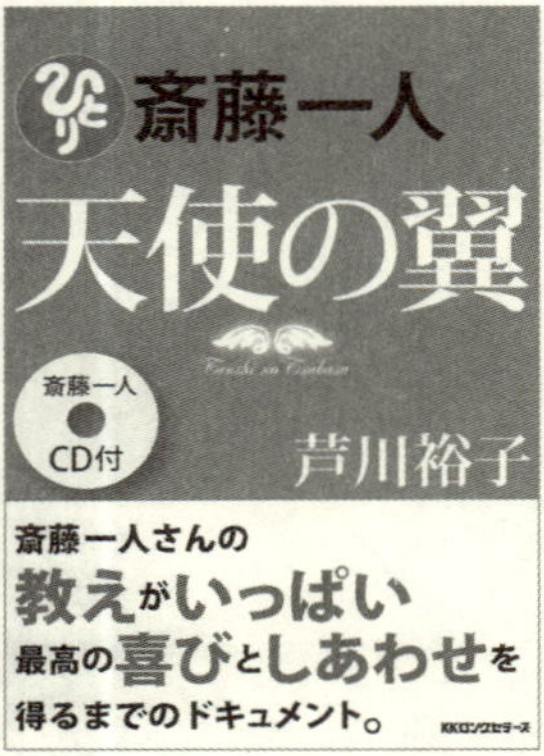

〈ＣＤ付〉

『斎藤一人 この不況で損する人 この不況で得する人』

斎藤一人 著

（ＫＫロングセラーズ刊　一五〇〇円＋税）


私は商人なんですけれど、ふだんは、あまり経済の話をしないんです。

お弟子さんたちに話すことの大半は、しあわせのこと、魂的なことなのですが、ふと、

「あ、これは教えておかないといけないな」

と思って、経済のことを話す機会がたまにあります。


二〇〇九年が明けたときも、私はそう思って、お弟子さんたちをはじめ、まるかんの人たちに、

「日本と世界の経済は、これから、こうなりますよ。だから、こういうことをするといいよ」

という話をしました。

その録音ＭＤを活字に書き起こしたのが本書です。

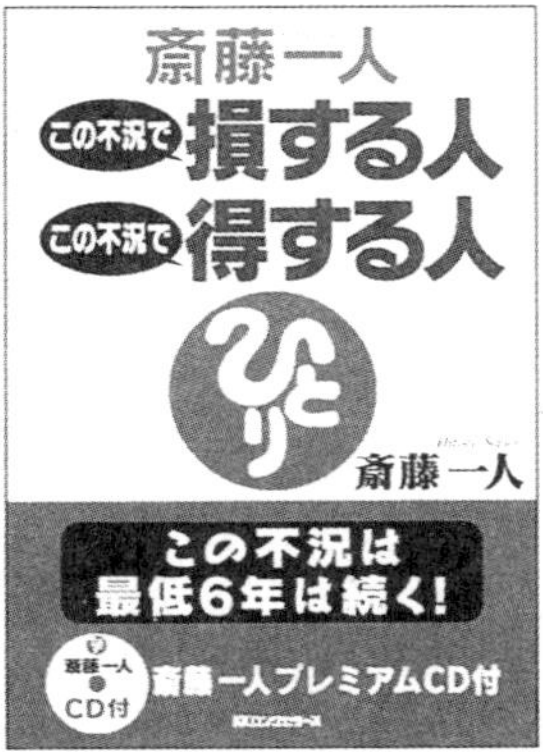

学生さん、主婦の方、定年退職した方にとっても、もちろん、仕事をしている方にとっても、役に立ついい話だと、私自身は思っています。
ただし、この本に書いてあることを信じるかどうかは、あなたの自由です。
どうぞ肩の力を抜いて、気楽にページをめくってみてください。

斎藤一人

〈ＣＤ付〉

『斎藤一人 大宇宙エネルギー療法』

柴村恵美子 著

（KKロングセラーズ刊 一五〇〇円＋税）

一人さんが教えてくれた秘伝の癒しの療法

「この宇宙には癒しの波動があります。無償の愛からなるエネルギーがあるんです。
この宇宙エネルギーをもらうと、人は元気になる。心もからだも健康でいられるんだ。
人間には、元々そういう力が備わっている。やり方を知ると、誰でもできるんです」

◎遠隔で宇宙エネルギーを送ってもらったら
　耳の痛みが消えた！　寝込んだ人が起きあがった！
◎子どもの頃のトラウマをひきずって子育てをしていた私
　今、私たち親子は幸せです
◎脳卒中で片マヒの私を救ってくれた大宇宙エネルギー療法
◎借金苦、夫の「うつ」、息子の家出etc
　一家離散の危機から救ってくれた大宇宙エネルギー療法

〈CD付〉

『斎藤一人絵本集1 こうていペンギンはなぜ生きのこったか!?』

作／斎藤一人・絵／宮本真由美

（KKロングセラーズ刊　一〇〇〇円＋税）

いつも明るく元気で肯定的な〝こうていペンギンくん〟。
いつもグチや悪口や文句ばかり言っている〝ひていペンギンくん〟。
さて、幸せなペンギン王国を作ったのはどちらでしょうか。

〈CD付・親子関係の悩みについて〉

『斎藤一人　成功する人くさる人』

「寺田本家」23代目当主　寺田啓佐　著

（ＫＫロングセラーズ刊一四〇〇円＋税）

世の中にこんなに不思議なことがあるとは……

斎藤一人

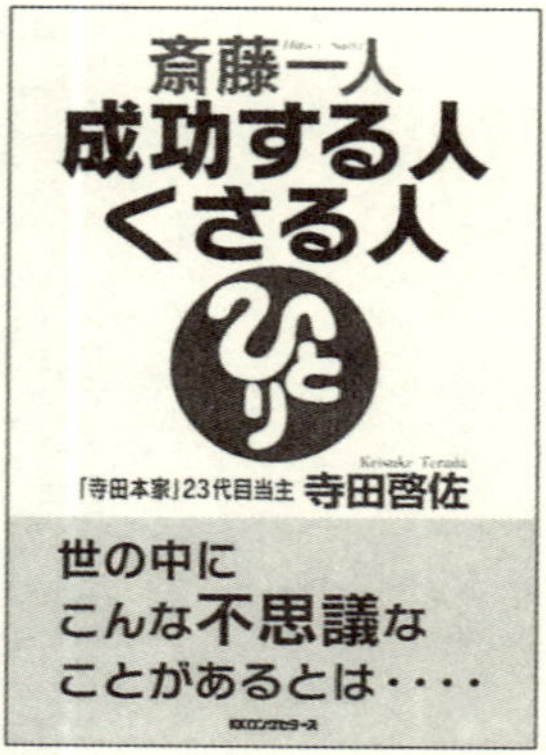

一人さんが教えてくれた〝人生の成功法則〟

それは、あたかも蔵つきの微生物が独りでにはたらいて酒を醸すがごとく、目に見えない不思議な力、他力でもって自分の実力以上の成功が醸し出されていくものです。

『斎藤一人　天才の謎』

遠藤忠夫 著

（KKロングセラーズ刊　一三〇〇円＋税）

出版おめでとうございます。

私のお弟子さんの中でいちばん最後の出版になってしまいましたけれど、いつも「私がいちばん最後でいいですよ」と言って、みんなを先に行かせてあげた忠夫ちゃんの気持ちが天に通じたような、いい本ができあがりましたね。

一人さんも本当にうれしいです。

これからも長いつきあいになると思います。

よろしくお願いします。

斎藤一人

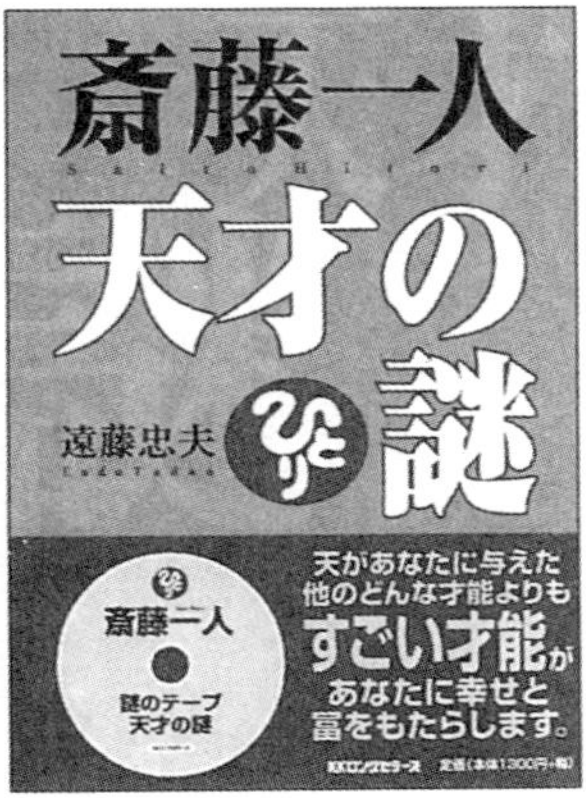

〈CD付〉

『斎藤一人　億万長者論』

宮本真由美 著

（KKロングセラーズ刊　一四〇〇円＋税）

真由美ちゃん、出版おめでとうございます。
真由美ちゃんらしい、明るく楽しい本になりましたね。
身近な話題が、読んだ人に次々と奇跡を起こしそうですね。
本当に、楽しい本をありがとうございます。

斎藤一人

〈CD2枚付〉

『斎藤一人　黄金《おうごん》の鎖《くさり》』

宇野信行 著

（KKロングセラーズ刊　一三〇〇円＋税）

〈CD付〉

いつもやさしく、ニコニコしているのぶちゃんが、こんな素敵な本を出してくれたことを、とてもうれしく思います。

この本を読んだ人たちは、のぶちゃんから勇気をもらって、「幸せだ、幸せだ」と言いながら毎日楽しく歩いてくれますね。

そして、幸せを手に入れて喜んでいる顔が目にうかびます。

のぶちゃん、ほんとうにいい本をありがとうございます。

斎藤一人

斎藤一人さんのプロフィール

斎藤一人さんは、銀座まるかん創設者で納税額日本一の実業家として知られています。

1993年から、納税額12年間連続ベスト10という日本新記録を打ち立て、累計納税額も、発表を終えた2004年までで、前人未到の合計173億円をおさめ、これも日本一です。

土地売却や株式公開などによる高額納税者が多い中、納税額はすべて事業所得によるものという異色の存在として注目されています。土地・株式によるものを除けば、毎年、納税額日本一です。

１９９３年分――第４位	１９９９年分――第５位
１９９４年分――第５位	２０００年分――第５位
１９９５年分――第３位	２００１年分――第６位
１９９６年分――第３位	２００２年分――第２位
１９９７年分――第１位	２００３年分――第１位
１９９８年分――第３位	２００４年分――第４位

また斎藤一人さんは、著作家としても、心の楽しさと、経済的豊かさを両立させるための著書を、何冊も出版されています。主な著書に『絶好調』、『幸せの道』、『地球が天国になる話』（当社刊）、『変な人が書いた成功法則』（総合法令）、『眼力』、『微差力』（サンマーク出版）、『千年たってもいい話』（マキノ出版）などがあります。その他、多数すべてベストセラーになっています。

《ホームページ》http://www.saitouhitori.jp/

一人さんが毎日あなたのために、ついてる言葉を、日替わりで載せてくれています。ときには、一人さんからのメッセージも入りますので、ぜひ遊びにきてください。

〈編集部注〉

読者の皆さまから、「一人さんの手がけた商品を取り扱いたいが、どこに資料請求していいかわかりません」という問合せが多数寄せられていますので、以下の資料請求先をお知らせしておきます。

フリーダイヤル 0120-497-285

斎藤一人　黄金の鎖

著　者　　宇野信行
発行者　　真船美保子
発行所　　KK ロングセラーズ
東京都新宿区高田馬場 2-1-2　〒 169-0075
電話 (03) 3204-5161(代)　振替 00120-7-145737
http://www.kklong.co.jp

印　刷　　太陽印刷工業(株)　製　本　(株)難波製本
落丁・乱丁はお取り替えいたします。
※定価と発行日はカバーに表示してあります。

ISBN978-4-8454-0920-4　C0270　　Printed In Japan 2012